"Vous avez demandé à grandir, vous avez demandé à prospérer, vous avez demandé le Succès....
Ne soyez pas surpris lorsque la vie vous met à l'épreuve.
Le succès vient en insistant, en persistant, en résistant et en n'abandonnant jamais."

Faim de Succès

© 2024 **Nelo**™ **Media** | Division du **Nelo**™ **Group** enregistrée sous le **Nelo LLC** | Créé par **Nelo**™

Faim de Succès

Un Guide Pratique pour Réussir en Affaires et dans la Vie

Nelo

Droit d'auteur © 2024 **Nelo**

Tous droits réservés.

Publié aux États-Unis par **Nelo™ Media**, une division du **Nelo™ Group** enregistrée sous le **Nelo LLC**.

www.nelo.media
www.nelo.group

Aucune partie de cette publication ne peut être reproduite, stockée ou introduite dans un système de recherche documentaire, ou transmise sous quelque forme ou par quelque moyen que ce soit (électronique, mécanique, photocopie, enregistrement ou autre) sans l'autorisation de l'éditeur.

Les livres de **Nelo™ Media** peuvent être achetés à des fins éducatives, commerciales ou de promotion des ventes. Pour plus d'informations sur les ventes ou les licences commerciales, veuillez nous contacter par courrier électronique: **media@nelo.group**

Titre original: *Hunger of Success*

Les données de catalogage de cette publication ont été demandées à la Bibliothèque du Congrès.

Paperback ISBN 9798334945302

IMPRIMÉ AUX ÉTATS-UNIS D'AMÉRIQUE

Conception du livre par Nelo
Conception de la couverture par Nelo
Graphisme par Nelo
Illustration par Nelo

PREMIÈRE ÉDITION Août 2024

Chère lectrice, cher lecteur,

La création de cette œuvre littéraire est entièrement originale et inédite de la part de l'auteur. Afin de la rendre accessible à un public mondial, nous avons eu recours à des technologies expérimentales telles que l'intelligence artificielle pour traduire le texte dans plus de 55 langues.

Grâce à ces outils technologiques, nous avons réussi à surmonter les barrières linguistiques et géographiques, permettant ainsi aux lecteurs de différentes nationalités et de différents milieux culturels de profiter de cette œuvre dans leur langue maternelle.

Si ces outils nous permettent d'atteindre un plus grand nombre de lecteurs dans le monde entier, il est également possible que certaines fautes d'orthographe ou de grammaire aient été oubliées. Nous nous engageons à améliorer continuellement nos traductions et votre retour d'information est essentiel pour nous.

Si vous trouvez des erreurs ou si vous avez des commentaires sur le texte, nous vous serions très reconnaissants de les partager avec nous. Vos commentaires sont précieux pour améliorer la qualité de nos publications. Veuillez envoyer vos commentaires à l'adresse électronique suivante:
media@nelo.group

Nous vous remercions de votre compréhension et de votre soutien. Nous vous souhaitons une bonne lecture de cet ouvrage exceptionnel.

DÉDICACEUR

A mes filles,
Samantha Valentina et **Maria Valentina**
Je les aime de tout mon cœur.

Pour moi,
Maman
Qui n'a jamais abandonné et n'a jamais cessé de croire en moi.

SOMMAIRE

Remerciements i

01 Introduction 17

02 L'histoire derrière le Succès 21

03 Développer un Esprit D'Entreprise 29

04 La Connaissance de soi et L'Autodiscipline 37

05 L'Importance de la Planification et de la Stratégie 43

06 La Créativité et Innovation 51

07 Financement pour les Entrepreneurs 57

08 Gestion des Ressources Humaines 65

09 Communication efficace pour les entrepreneurs 71

10 La Technologie et Transformation Numérique 79

11 L'Importance de L'éthique des Affaires 87

12 Surmonter les Obstacles et les Échecs 95

13 Conseils et Recommandations 105

14 Ventes 113

Conclusions 129

A propos de l'auteur 135

REMERCIEMENTS

À toutes les personnes qui, d'une manière ou d'une autre, ont été à mes côtés pour m'accompagner, m'enseigner, me guider, me corriger et faire ressortir ce qu'il y a de meilleur en moi pour m'améliorer chaque jour dans cette aventure qu'est l'entrepreneuriat.

A tous... ¡Merci beaucoup!

Nelo

"Si vous n'étiez pas capable de le faire, l'occasion ne se serait jamais présentée à vous."

01.
INTRODUCTION

Bienvenue sur le site "Faim de Succès: Un Guide Pratique pour Réussir en Affaires et dans la Vie." (*Hungry of Success: A Practical Guide to Success in Business and in Life*). Je m'appelle Nelo et je suis heureux de partager avec vous mon histoire et les leçons que j'ai apprises sur le chemin de la réussite.

Ma vie n'a pas toujours été facile. En fait, j'ai dû faire face à de nombreux défis et adversités dès mon plus jeune âge. J'ai appris à me battre pour ce que je voulais et à surmonter les obstacles qui se présentaient à moi.

Je me souviens très bien du moment où j'ai décidé de devenir entrepreneur et de créer ma propre entreprise. C'était un rêve que je caressais depuis longtemps, mais je savais que ce ne serait pas facile. Je devais travailler dur et prendre des risques, même lorsque les autres me disaient que c'était de la folie. Mais je n'ai jamais abandonné.

Sur le chemin de la réussite, j'ai appris de nombreuses leçons précieuses. La nécessité d'avoir un état d'esprit positif et proactif, d'identifier les opportunités commerciales et de surmonter la peur de l'échec. L'importance de la planification et de la stratégie, de la créativité et de l'innovation, de la gestion des ressources financières et humaines, d'une communication efficace et de l'éthique des affaires.

Mais la chose la plus marquante que j'ai intériorisée est peut-être que les obstacles et les adversités sont des occasions de grandir et de s'améliorer. Chaque fois que j'ai été confronté à un défi, j'ai appris quelque chose de nouveau sur moi-même et sur la manière de gérer les problèmes efficacement.

Dans ce livre, je partagerai mon histoire et les leçons que j'ai apprises sur le chemin de la réussite. J'espère que ce guide pratique sera une source d'inspiration et de motivation pour tous ceux qui cherchent à atteindre et à réaliser leurs propres objectifs.

"Il n'y a pas de raccourci sur la route de la grandeur, seulement de la persévérance et de la détermination."

02.
L'HISTOIRE DERRIÈRE LE SUCCÈS

Mon chemin vers le succès n'a pas été facile. J'ai été confronté à une série de défis et d'obstacles qui m'ont empêché d'aller de l'avant, comme le fait de vivre dans la rue, la mort de ma fiancée, la mort de mon fils, tout cela en l'espace de huit mois. À ce moment-là, j'étais sur le point d'abandonner, mais j'ai réalisé que si je voulais réaliser mon rêve, je devais surmonter tous ces échecs.

J'ai compris que le succès ne vient pas du jour au lendemain. Sur le chemin de la réussite, j'ai été confronté à une série d'échecs et de revers qui m'ont obligé à réévaluer mon approche et à trouver de nouvelles façons d'aborder les problèmes. Mais à chaque fois que je tombais, je me relevais plus fort et plus déterminé qu'avant.

Dans ce chapitre, je souhaite partager avec vous les leçons que j'ai apprises sur le chemin de la réussite. J'ai compris que la persévérance, la persévérance et la patience seraient la clé pour surmonter les obstacles et atteindre le succès. J'ai également compris qu'il est primordial d'avoir une vision claire de ce que l'on veut accomplir et de travailler avec constance et engagement pour atteindre ces objectifs.

Mais la chose la plus importante que j'ai apprise est peut-être que le succès ne consiste pas seulement à atteindre des objectifs, mais aussi à apprécier le chemin parcouru pour y parvenir. Il faut apprécier chaque petite réussite et célébrer chaque pas en avant. J'ai compris que le succès n'est pas seulement un but à atteindre, mais aussi un chemin à parcourir.

Je vais partager mon histoire et les leçons que j'ai apprises sur le chemin de la réussite. J'espère que mon histoire vous inspirera et vous motivera. Et mes expériences vous le montreront:

Quelle que soit votre situation actuelle, il vous suffit de vous lever et d'agir. Faire face aux obstacles et les surmonter pour atteindre vos objectifs.

Je suis né en Colombie, dans une ville appelée Yarumal, une ville traditionnelle d'Antioquia près de la ville de Medellín, mais j'ai passé la plus grande partie de mon adolescence dans une autre ville appelée Valdivia, dans la région du Bajo Cauca d'Antioquia.

L'histoire récente de mon pays a été marquée par la violence, et cette région est pratiquement le "Vieil Ouest":
guérilla, paramilitaire, trafic de drogue, guerre.

Ainsi, pendant mon adolescence, la question que je me posais le plus, la question qui revenait sans cesse dans mon esprit était la suivante:

¿Qu'adviendra-t-il de ma vie?
¿S'agit-il de la guérilla ou des paramilitaires?

Et ce, jusqu'à ce que la maison achète une télévision, mon premier contact avec la technologie.

J'avais sept ou huit ans et je me souviens du premier film que j'ai vu, intitulé:

Wall Street
De 1987 avec Michael Douglas et Charlie Sheen.

Et dès que j'ai vu ce film, ma tête a explosé. Parce que c'était un monde nouveau et totalement inconnu pour moi. Et à partir de ce moment-là, je me suis dit:

¡Je veux être cela!
Agent de change

Je veux parler comme ça, m'habiller comme ça, avoir un bureau comme ça, avoir des relations avec les gens comme ça et un style de vie comme ça.

Dès mon plus jeune âge, de manière autodidacte et empirique, j'ai donc commencé à lire beaucoup de livres sur la finance, l'économie, les marchés boursiers, les mathématiques, afin de me préparer à devenir agent de change.

Je suis analyste financier et économiste empirique. Je n'ai pas eu l'occasion de faire des études supérieures, faute de moyens financiers. Mais ce n'était pas un obstacle, je l'ai plutôt vu comme une opportunité et un défi, celui d'être capable de m'imposer de réaliser mes rêves à tout prix.

Mon histoire est celle de la persévérance et de la détermination. Lorsque j'ai décidé de devenir entrepreneur et de créer ma propre entreprise, beaucoup m'ont dit que je risquais tout et que c'était de la folie. Malgré tout, j'avais une vision claire et j'étais prête à travailler dur pour y parvenir.

Au cours de ma vie, j'ai été confrontée à divers défis, tels que ceux mentionnés ci-dessus, qui m'ont accablée, et à des moments où je ne savais pas comment aller de l'avant, mais je me suis souvenue de ma vision et de la raison pour laquelle je me battais.

J'ai appris que pour réussir, il est essentiel d'avoir un état d'esprit positif et proactif, de considérer les problèmes comme des opportunités et d'être créatif et innovant, de sortir des sentiers battus et de chercher des solutions uniques à chaque problème.

J'ai également appris l'importance de la planification et de la stratégie. Il ne s'agit pas seulement d'avoir une vision claire, mais aussi d'établir un plan solide et détaillé pour la mettre en œuvre. Il est essentiel d'être discipliné, organisé et de travailler de manière cohérente et engagée.

En bref, mon histoire est celle de la persévérance, de la détermination et de la résilience. J'ai appris à apprécier chaque petite réussite et à célébrer chaque pas en avant.

J'espère que mon histoire inspirera et motivera ceux qui rencontrent des obstacles sur leur chemin et leur montrera qu'il est possible de les surmonter pour atteindre le succès qu'ils souhaitent.

"Quelle que soit la situation actuelle, il faut se lever et agir."

03.
DÉVELOPPER UN ESPRIT D'ENTREPRISE

Développer un état d'esprit entrepreneurial est essentiel pour réussir dans les affaires et dans la vie. Dans ce chapitre, je partagerai mon expérience et les leçons que j'ai apprises sur le chemin de la réussite.

Pour moi, le développement de l'esprit d'entreprise a commencé par la prise de décision. J'ai souvent été confrontée au choix de chercher et de conserver un emploi stable et sûr ou de prendre un risque et de créer ma propre entreprise. Au fil du temps, j'ai appris à avoir confiance en mes compétences et en ma capacité à prendre des décisions intelligentes et courageuses.

Un autre aspect important du développement de l'esprit d'entreprise est la capacité à prendre des risques et à affronter la peur de l'échec.

"Il est naturel d'avoir peur de l'échec, mais ce qui compte, c'est la façon dont nous réagissons à cette peur."

J'ai appris que l'échec n'était qu'une occasion d'apprendre et de grandir, et que chaque échec me rapprochait de mon but ultime.

La persévérance est également essentielle pour développer un état d'esprit entrepreneurial. J'ai dû faire face à de nombreux défis et obstacles tout au long de mon parcours, mais j'ai toujours gardé ma détermination et ma concentration sur mes objectifs à long terme. Même dans les moments les plus difficiles, j'ai trouvé la force de continuer et de ne pas abandonner.

Enfin, la créativité et l'innovation sont essentielles pour développer un esprit d'entreprise. J'ai appris à sortir des sentiers battus et à chercher des solutions innovantes aux problèmes qui se présentaient à moi. Cela m'a permis de me démarquer sur un marché concurrentiel et de toujours garder une longueur d'avance sur la concurrence.

Développer un esprit d'entreprise est fondamental pour réussir. Mon expérience m'a appris qu'il est important de prendre des décisions courageuses, de prendre des risques, de persévérer dans les moments difficiles et de rechercher des solutions innovantes. J'espère que ces leçons inciteront les lecteurs à développer leur propre esprit d'entreprise et à atteindre leurs objectifs.

Si vous voulez réussir en tant qu'entrepreneur, il est essentiel d'avoir un état d'esprit entrepreneurial. ¿Mais qu'est-ce que cela signifie exactement? Pour moi, cela signifie avoir une attitude proactive et positive face aux défis, être innovant et créatif, et être prêt à prendre des risques calculés.

Développer un état d'esprit entrepreneurial ne se fait pas du jour au lendemain. Il faut de la pratique et de la persévérance. Personnellement, j'ai dû travailler dur pour développer cet état d'esprit. Sur la voie du succès, j'ai dû surmonter de nombreux obstacles et échecs. Mais chaque fois que j'ai été confronté à un obstacle, au lieu d'abandonner, j'ai cherché une solution et j'ai continué à avancer.

Une autre chose importante pour développer un esprit d'entreprise est de s'entourer de personnes partageant les mêmes idées. J'essaie toujours d'être avec des personnes passionnées, créatives et prêtes à prendre des risques. Non seulement ces personnes m'inspirent, mais elles me donnent aussi la perspective et le soutien dont j'ai besoin pour aller de l'avant.

Dans ce chapitre, nous allons explorer

quelques-unes des principales caractéristiques de l'état d'esprit entrepreneurial et la manière dont vous pouvez les cultiver. Nous verrons comment adopter un état d'esprit de croissance, apprendre de ses erreurs et être toujours à l'affût de nouvelles opportunités. Nous partagerons également quelques conseils pratiques pour vous aider à développer un état d'esprit entrepreneurial fort et résilient.

N'oubliez pas que le développement d'un esprit d'entreprise n'est pas seulement essentiel pour réussir dans les affaires, mais aussi dans la vie. En adoptant un état d'esprit proactif et positif, vous serez en mesure de surmonter tous les obstacles et d'atteindre vos objectifs les plus ambitieux.

De même, il est essentiel d'apprendre à prendre des risques et à sortir de sa zone de confort. Parfois, la seule façon d'avancer est de prendre un risque et d'essayer quelque chose de nouveau. D'après mon expérience, chaque fois que j'ai pris un risque et que je suis sorti de ma zone de confort, j'ai connu une croissance significative dans mon entreprise et dans ma vie personnelle.

Bien entendu, il est également important d'apprendre à gérer l'échec. En tant qu'entrepreneur, il est inévitable que vous soyez confronté à des échecs et à des revers. L'essentiel est de ne pas laisser l'échec vous arrêter. Au contraire, vous devez apprendre de vos erreurs, ajuster votre approche et aller de l'avant.

Un autre aspect essentiel de l'esprit d'entreprise est la capacité à penser de manière créative et innovante. Souvent, les plus grandes percées dans le monde des affaires et dans la vie en général viennent du fait que l'on sort des sentiers battus et que l'on trouve des solutions novatrices à des problèmes courants.

En résumé, développer un état d'esprit entrepreneurial implique d'être proactif, de prendre des risques, de sortir de sa zone de confort, d'apprendre de l'échec et de penser de manière créative et innovante.

Dans ce chapitre, j'ai partagé mes conseils et stratégies pour vous aider à cultiver un état d'esprit entrepreneurial et à surmonter les obstacles sur la voie du succès.

"N'attendez pas que les occasions se présentent, créez-les."

04.
LA CONNAISSANCE DE SOI ET L'AUTODISCIPLINE

L'une des leçons les plus importantes que j'ai apprises est l'importance cruciale de la connaissance de soi et de l'autodiscipline. Pour atteindre vos objectifs, vous devez vous connaître, identifier vos forces et vos faiblesses et vous efforcer de vous améliorer chaque jour.

Au cours de mon expérience, j'ai été confronté à de nombreux défis qui m'ont amené à réfléchir à ce que je suis en tant que personne, entrepreneur et homme d'affaires. J'ai appris à être honnête sur mes faiblesses et à valoriser et développer mes points forts. Cela m'a permis de me fixer des objectifs clairs et réalistes pour moi-même et pour mon entreprise.

De même, j'ai appris que le succès n'est pas une question de talent ou de chance, mais aussi d'autodiscipline et d'habitudes efficaces. J'ai développé des routines et des pratiques quotidiennes qui m'aident à rester concentré sur mes objectifs et à être plus productif, qu'il s'agisse de l'établissement d'un emploi du temps quotidien, de la pratique de la méditation ou d'un exercice physique régulier.

Dans ce chapitre, je partagerai mes expériences et mes conseils sur la manière d'identifier les forces et les faiblesses, de fixer des objectifs personnels et professionnels et de développer des habitudes efficaces pour réussir. J'espère que ces conseils seront utiles à ceux qui cherchent à améliorer leur connaissance de soi et leur autodiscipline sur la voie de la réussite. ¡Allons-y ensemble!

D'après mon expérience, la connaissance de soi et l'autodiscipline sont fondamentales pour réussir dans les affaires et dans la vie en général. L'identification de mes forces et de mes faiblesses m'a aidé à mieux comprendre mes capacités et mes limites. Cela m'a permis de tirer le meilleur parti de mes talents et de m'améliorer dans les domaines où j'ai le plus de difficultés.

En outre, la définition d'objectifs personnels et professionnels clairs et réalisables a été un facteur clé de ma réussite. Sans objectifs clairs, il est facile de se perdre dans le quotidien et de perdre de vue ce qui compte vraiment. En revanche, le fait d'avoir une vision claire de ce que je veux accomplir et de travailler constamment dans ce sens m'a permis de rester motivée et concentrée sur la voie de la réussite.

J'ai également appris que le développement d'habitudes saines et productives est fondamental pour maintenir un état d'esprit entrepreneurial.

Tout au long de ma carrière, j'ai mis en place une série d'habitudes et de routines qui m'aident à rester concentré et productif.

Qu'il s'agisse de me lever tôt, de faire de l'exercice, de méditer ou de planifier soigneusement ma journée, ces habitudes m'ont permis de travailler de manière plus efficace et ont contribué de manière significative à ma réussite.

En fin de compte, j'ai compris que si je voulais atteindre mes objectifs et réussir, je devais être plus disciplinée et plus concentrée. J'ai commencé à me fixer des objectifs spécifiques pour chaque jour, chaque semaine et chaque mois, et à développer des habitudes qui m'aidaient à rester sur la bonne voie.

N'oubliez pas que la réussite ne se fait pas du jour au lendemain ; elle demande du temps, des efforts et du dévouement. Mais si vous vous connaissez bien et que vous vous disciplinez pour suivre votre voie, vous serez sur la bonne voie pour réussir dans les affaires et dans la vie. ¡Continuez!

La connaissance de soi et l'autodiscipline sont fondamentales pour réussir dans tous les domaines de la vie. En identifiant vos forces et vos faiblesses, en fixant des objectifs personnels et professionnels et en développant des habitudes de réussite, vous pouvez atteindre vos objectifs et surmonter les défis qui se présentent à vous.

Mon expérience m'a appris que la discipline est la clé du succès à long terme. Il ne s'agit pas seulement de travailler dur, mais aussi d'adopter une approche stratégique et de s'engager à atteindre ses objectifs jour après jour.

Avec un état d'esprit axé sur la connaissance de soi et l'autodiscipline, je suis convaincu que vous pouvez réaliser tout ce que vous voulez dans la vie et dans les affaires.

*"Si vous dites:
Demain, je le fais...
Vous avez déjà perdu."*

05.
L'IMPORTANCE DE LA PLANIFICATION ET DE LA STRATÉGIE

La planification et la stratégie sont essentielles à la réussite d'un objectif, d'un projet ou d'une entreprise. L'importance d'avoir un plan d'affaires efficace, des stratégies de marketing et de vente, et le développement d'une marque personnelle. J'espère que mes conseils et mes expériences vous aideront à créer une stratégie efficace pour développer votre vision.

Dans ce chapitre, je partagerai mes expériences et mes apprentissages sur l'importance de la planification et de la stratégie pour la réussite d'une entreprise. J'espère que mon histoire incitera les lecteurs à élaborer des plans d'entreprise efficaces et des stratégies de marketing innovantes, et à travailler sur leur marque personnelle pour se démarquer sur un marché concurrentiel.

- *Élaborer un plan d'entreprise efficace:*

Lorsque j'ai créé mon entreprise, je me suis rapidement rendu compte que l'élaboration d'un plan d'entreprise solide était essentielle à sa réussite. Ma première tentative a été un désastre. Je n'avais aucune expérience en la matière et j'ai donc simplement couché mes idées sur le papier, sans ordre ni structure.

Ce n'est que lorsque j'ai engagé un consultant en gestion d'entreprise que j'ai appris à quel point il est essentiel d'avoir un plan bien structuré.

Un plan d'entreprise efficace doit comporter les éléments suivants:

Mission et vision:
¿Quel est le but et l'objectif de votre entreprise et qu'espérez-vous obtenir grâce à elle?

Analyse du marché:
¿Qui sont vos clients potentiels? ¿Quels sont leurs besoins? ¿Qui sont vos concurrents?

Plan de marketing:
¿Comment allez-vous promouvoir votre produit ou service? ¿Quelle sera votre stratégie de prix?

Plan financier:
¿De combien d'argent avez-vous besoin pour démarrer votre entreprise? ¿Combien pensez-vous gagner au cours de la première année? ¿Quelles sont vos projections financières à long terme?

Une fois que vous aurez élaboré un plan d'entreprise efficace, veillez à le réviser et à le mettre à jour régulièrement afin qu'il s'adapte à l'évolution des besoins de votre entreprise.

- *Stratégies de marketing et de vente:*

Une fois que vous aurez élaboré un plan d'entreprise efficace, vous aurez besoin d'une stratégie de marketing et de vente pour atteindre vos clients potentiels. J'ai appris qu'il ne suffit pas d'avoir une bonne idée, mais qu'il faut aussi savoir la vendre.

Voici quelques stratégies de marketing et de vente qui se sont avérées efficaces pour mon entreprise:

Identifiez votre public cible:
¿Qui sont vos clients potentiels, quels sont leurs besoins, comment pouvez-vous répondre à ces besoins?

Créer une marque forte:
Votre marque est l'image que les clients se font de votre entreprise. Veillez à ce qu'elle soit cohérente dans tous vos documents et communications marketing.

Utilisez les médias sociaux:
Les médias sociaux sont un outil puissant pour atteindre vos clients potentiels et rester en contact avec eux.

Il propose des promotions et des réductions:
Une offre spéciale ou une remise peut être la raison pour laquelle un client potentiel choisit votre entreprise plutôt qu'une autre.

Développement d'une marque personnelle:
Outre la marque de votre entreprise, il est essentiel de développer une marque personnelle. Votre marque personnelle est la façon dont vous vous présentez au monde en tant qu'individu et en tant qu'entrepreneur. Apprendre à construire et à maintenir une marque personnelle forte peut vous aider à établir des liens significatifs avec vos clients et à vous différencier de la concurrence.

J'ai également compris l'importance d'établir une stratégie de marketing efficace pour mon entreprise. J'ai appris que le marketing ne consiste pas seulement à promouvoir votre produit ou service, mais aussi à créer un lien avec vos clients potentiels.

J'ai développé des stratégies marketing innovantes qui m'ont permis de me démarquer sur un marché saturé et d'attirer des clients à la recherche de quelque chose d'unique et de différent.

Mais il ne s'agit pas seulement de planification et de stratégie d'entreprise, il est également crucial de développer une marque personnelle forte.

J'ai appris que la façon dont je me présente et dont je présente mon entreprise est essentielle pour instaurer la confiance et la crédibilité auprès de mes clients et de mes partenaires commerciaux.

J'ai travaillé sur mon image personnelle, mon langage corporel et mon discours pour m'assurer que ma marque personnelle reflétait les valeurs de mon entreprise et me distinguait de la concurrence.

Avec de la persévérance, de la constance et de la patience.
Nous pouvons tous réussir dans les affaires et dans la vie.

06.
LA CRÉATIVITÉ ET L'INNOVATION

Dans ce chapitre, je partagerai avec vous mes expériences et mes apprentissages sur la manière de développer ces compétences dans votre vie professionnelle.

La créativité et l'innovation sont des compétences essentielles pour tout entrepreneur désireux de réussir. Mon expérience m'a appris qu'il ne suffit pas de suivre les tendances du marché, mais qu'il faut être créatif et chercher de nouveaux moyens de se différencier de la concurrence.

À un moment donné de ma carrière, j'ai réalisé que mon entreprise stagnait et que je devais faire quelque chose de différent pour continuer à croître. C'est alors que j'ai décidé d'encourager la créativité et l'innovation au sein de mon équipe et que nous avons commencé à chercher de nouvelles idées et approches pour améliorer nos produits et services.

Au début, il peut sembler difficile de sortir de sa zone de confort et d'adopter de nouvelles idées, mais il est important de se rappeler que l'innovation ne doit pas nécessairement être compliquée ou coûteuse. Parfois, les idées les plus simples peuvent être les plus efficaces.

En outre, il est nécessaire d'être conscient des changements du marché et de s'y adapter en temps voulu. D'après mon expérience, j'ai vu de nombreuses entreprises échouer simplement parce qu'elles ne s'adaptaient pas aux changements du marché et prenaient du retard. Il est donc essentiel d'être au courant des tendances et des changements, et d'être prêt à s'adapter et à changer si nécessaire.

La créativité et l'innovation sont des compétences essentielles pour tout entrepreneur qui réussit. Apprendre à stimuler la créativité, à rechercher de nouvelles idées et approches et à s'adapter aux changements du marché peut être la clé pour rester compétitif et se développer.

L'innovation est essentielle à la réussite des entreprises. Pour moi, elle commence par la pensée créative et la recherche constante de nouvelles façons de résoudre les problèmes et d'améliorer les produits et les services.

Je me pose souvent la question:

¿Comment pouvons-nous nous démarquer de la concurrence et offrir à nos clients quelque chose d'unique?

J'encourage l'innovation au quotidien en créant une culture entrepreneuriale qui valorise la créativité et l'expérimentation. Dans ma startup, j'encourage mes collègues à partager leurs idées et leurs points de vue, même s'ils paraissent fous ou hors des sentiers battus au premier abord. Il est important que chacun se sente à l'aise pour collaborer en équipe afin de trouver des solutions créatives aux défis auxquels nous sommes confrontés.

Il est essentiel d'être conscient des changements du marché et des tendances du secteur, et d'être prêt à s'adapter et à évoluer en conséquence. Les entrepreneurs à long terme qui réussissent n'ont pas peur de changer et de s'adapter pour rester pertinents.

Mon équipe et moi-même avons appliqué ces principes dans notre entreprise pour développer de nouveaux produits et services, et nous avons réussi à nous démarquer sur un marché de plus en plus concurrentiel.

J'espère que ces leçons et ces expériences vous inciteront à sortir des sentiers battus et à encourager l'innovation dans votre propre entreprise.

La créativité et l'innovation sont essentielles pour rester pertinent sur un marché en constante évolution. La capacité à sortir des sentiers battus et à trouver des solutions innovantes à des problèmes complexes peut permettre à une entreprise de se démarquer de la concurrence.

Tout au long de ma carrière, j'ai dû m'adapter aux changements du marché à de nombreuses reprises. Parfois, ces changements m'ont surpris et m'ont laissé sans direction claire. Cependant, au fil du temps, j'ai appris que l'innovation n'est pas seulement vitale, mais nécessaire pour maintenir une entreprise prospère et en croissance.

Alors que vous progressez dans vos carrières et vos entreprises, je vous encourage à faire preuve de créativité et à être toujours ouverts à de nouvelles idées et à de nouvelles façons de faire les choses.

"N'oubliez pas que l'innovation ne consiste pas à être le premier dans un domaine, mais à être le meilleur dans un domaine."

La plupart du temps, on vous traitera de fou parce que vous êtes innovant, mais....
"Les fous sont ceux qui changent le monde."

07.
FINANCEMENT POUR LES ENTREPRENEURS

Pour réussir en tant qu'entrepreneur, l'une des choses les plus importantes, si ce n'est la plus importante, est d'apprendre à gérer efficacement ses finances.

Quelle que soit la qualité de votre idée commerciale ou votre passion, si vous ne pouvez pas gérer votre argent correctement, votre entreprise ne prospérera pas.

Personnellement, je me souviens avoir eu des problèmes financiers dans ma première entreprise. Je n'avais pas une compréhension claire de la gestion financière personnelle et professionnelle, et je me suis retrouvé dans une situation où je ne pouvais pas payer mes factures et maintenir mon entreprise à flot en même temps.

Dans ce chapitre, je vais vous faire part de mes expériences et de mes réflexions sur la voie de la réussite financière. J'espère que ces informations vous aideront à éviter les erreurs que j'ai commises, à gérer votre argent plus efficacement et à obtenir le financement dont vous avez besoin pour faire passer votre entreprise à la vitesse supérieure.

Dès le début, j'ai appris les bases de la comptabilité et de la finance, comme la gestion des factures et des stocks, le calcul des marges bénéficiaires et l'établissement d'un budget.

J'ai également appris qu'il était important de tenir des registres détaillés de toutes les dépenses et de tous les revenus, et d'avoir des prévisions de trésorerie pour planifier et prévenir les problèmes financiers à l'avenir.

Une autre leçon que j'ai apprise est qu'il faut trouver des fonds pour son entreprise. À un moment donné, j'ai eu besoin de fonds supplémentaires pour développer mon entreprise, mais je ne savais pas comment les obtenir.

Lors de mes recherches, j'ai trouvé différentes options telles que les prêts bancaires, le financement privé et les accélérateurs d'entreprises. J'ai veillé à étudier soigneusement chaque option et à prendre des décisions éclairées sur la manière de financer mon entreprise.

Mais pour réussir dans la recherche de financement, j'ai appris qu'il était nécessaire d'avoir un plan d'affaires solide et crédible, avec des objectifs clairs, une stratégie claire et une projection financière réaliste.

En outre, j'ai appris à séparer mes finances personnelles de celles de mon entreprise. J'ai dû comprendre que mon entreprise n'était pas mon compte personnel et que je devais tenir un registre clair des transactions et des dépenses. J'ai également appris l'importance de maintenir un fonds d'urgence pour mes finances personnelles et professionnelles afin d'être prêt à faire face à tout événement imprévu.

L'un des principaux défis auxquels j'ai été confronté en tant qu'entrepreneur a été d'apprendre à gérer correctement mes finances personnelles et professionnelles. Bien que j'aie toujours fait attention à mon argent, j'ai découvert que la gestion financière d'une entreprise était beaucoup plus complexe et nécessitait des connaissances spécialisées.

Il est essentiel d'avoir une bonne connaissance de ses finances personnelles avant de s'aventurer dans le monde des affaires. Au fil des ans, j'ai appris à suivre en détail mes revenus et mes dépenses personnelles et à établir un budget réaliste. De cette manière, j'ai pu avoir une idée claire de mes ressources et de la manière de les investir dans mon entreprise.

Lorsqu'il s'agit de la gestion financière d'une entreprise, il est essentiel de comprendre les principes de base de la comptabilité et de la finance. De la préparation des états financiers à la gestion des impôts, une solide compréhension de la finance d'entreprise est nécessaire pour prendre des décisions éclairées.

D'autre part, l'obtention d'un financement pour une entreprise peut s'avérer un véritable défi. Tout au long de ma carrière, j'ai exploré différentes options de financement et j'ai appris à présenter mes idées commerciales de manière efficace afin d'obtenir le soutien nécessaire.

Après avoir réfléchi et appris de mes erreurs, j'ai pris des mesures pour améliorer mon entreprise et mes finances personnelles. Je me suis concentré sur l'apprentissage des bases de la comptabilité et de la finance, et j'ai commencé à utiliser des outils et des logiciels de gestion financière pour contrôler efficacement mes revenus et mes dépenses.

Au fur et à mesure que mon entreprise se développait, j'ai commencé à travailler avec une équipe de comptables et de conseillers financiers pour m'assurer que mon entreprise fonctionnait de manière efficace et rentable.

N'oubliez pas qu'une gestion financière efficace est essentielle à la réussite à long terme d'une entreprise.

"Celui qui garde quand il a, mange quand il veut."

08.
GESTION DES RESSOURCES HUMAINES

Le succès d'une entreprise dépend dans une large mesure de l'équipe qui la dirige. C'est pourquoi, dans ce chapitre, nous parlerons de la gestion des ressources humaines et de la manière de constituer une équipe solide.

Un recrutement efficace est essentiel pour disposer d'une équipe qui réponde aux attentes et aux objectifs de l'entreprise. Il est essentiel de définir clairement les aptitudes et les compétences recherchées chez chaque candidat et de concevoir un processus de sélection rigoureux pour les évaluer.

Mais une fois que vous avez l'équipement:

¿Comment le faire fonctionner efficacement et en collaboration?

C'est là qu'intervient le développement d'une équipe forte. Pour y parvenir, il est nécessaire de favoriser une communication ouverte et le travail d'équipe, de fixer des buts et des objectifs clairs et de veiller à ce que tous les membres s'alignent sur la vision de l'entreprise.

En outre, il est essentiel de gérer la productivité et la motivation des équipes. L'un des moyens d'y parvenir est d'offrir des possibilités de croissance et de développement professionnels, de mettre en place des systèmes de reconnaissance et de récompense pour les performances exceptionnelles et de créer un environnement de travail qui favorise le bien-être et la satisfaction des employés.

D'après mon expérience, il n'est pas toujours facile de constituer une équipe solide. J'ai dû relever de nombreux défis et apprendre de mes erreurs pour diriger une équipe efficace. L'une des leçons les plus importantes que j'ai apprises est que pour constituer une équipe solide, il est essentiel de définir clairement les attentes et les objectifs de l'entreprise, ainsi que d'instaurer une culture organisationnelle qui favorise la collaboration et le travail d'équipe.

En conclusion, la gestion des ressources humaines est la clé du succès de toute entreprise.

Un recrutement efficace, le développement d'une équipe solide, la gestion de la productivité et la motivation de l'équipe sont des éléments clés que tout entrepreneur doit prendre en considération.

En se concentrant et en s'investissant comme il se doit, il est possible de relever les défis et de constituer une équipe qui contribuera au succès de l'entreprise.

Il est important de garder à l'esprit qu'une équipe forte ne consiste pas seulement à choisir les meilleurs candidats, mais aussi à favoriser un environnement de travail sain et une confiance mutuelle.

Les membres de l'équipe doivent se sentir valorisés et reconnus pour leur travail, et doivent être motivés pour travailler ensemble à la réalisation d'objectifs communs.

L'une des conditions que j'ai décidé de mettre en œuvre pour encourager la créativité et qui fonctionne à merveille est que chaque personne qui décide de travailler avec moi doit accepter de relever un défi.

Ce défi consiste, après trois mois de travail avec nous, à présenter un projet innovant et à commencer à le développer dans les six mois qui suivent.

J'ai constaté qu'en soutenant leurs idées, ils sont motivés pour obtenir des résultats.

Il est important d'écouter les membres de l'équipe et de prendre en compte leurs idées et leurs opinions. En outre, il est essentiel de fournir un retour d'information constructif et de reconnaître le bon travail.

Enfin, en tant qu'entrepreneurs, nous devons être prêts à apprendre et à nous améliorer continuellement en matière de gestion des ressources humaines.

Nous devons être ouverts à de nouvelles approches et stratégies, et être prêts à prendre des risques dans la poursuite de l'excellence.

La gestion des ressources humaines est un aspect fondamental de la réussite d'une entreprise et doit être traitée avec la même attention et le même dévouement que tout autre aspect de l'entreprise.

"Embaucher le dévouement, former les compétences."

09.
COMMUNICATION EFFICACE POUR LES ENTREPRENEURS

La communication est une compétence vitale pour tout entrepreneur. Quel que soit le degré d'innovation de votre produit ou l'efficacité de votre stratégie commerciale, si vous ne pouvez pas communiquer efficacement avec vos clients, partenaires, fournisseurs et pairs, votre entreprise est vouée à l'échec.

Dans ce chapitre, je souhaite partager avec vous mon expérience en matière de communication efficace pour les entrepreneurs et vous expliquer comment vous pouvez développer cette compétence pour réussir dans les affaires.

Une communication interpersonnelle efficace est la base de toutes les relations d'affaires.

En tant qu'entrepreneur, vous devez être capable de transmettre vos idées et vos pensées de manière claire et compréhensible. Souvent, le succès d'une entreprise dépend de la qualité de la communication entre les membres de l'équipe.

L'écoute active est un moyen efficace d'améliorer la communication interpersonnelle. L'écoute active consiste à prêter attention à ce que dit l'autre personne et à poser des questions pertinentes pour montrer que l'on s'intéresse à ce qu'elle dit. Il est essentiel d'éviter les interruptions et les distractions pour permettre une communication plus claire et plus efficace.

Une autre compétence importante est la communication et la direction d'équipe. En tant que dirigeant, il est essentiel que vous puissiez inspirer et motiver votre équipe pour qu'elle atteigne les objectifs de l'entreprise. Pour y parvenir, vous devez être un bon communicateur et avoir la capacité de transmettre votre vision de manière claire et compréhensible.

Une communication professionnelle efficace est également essentielle. Cela implique la capacité de présenter des rapports et des exposés de manière claire et concise, et de le faire avec confiance et autorité.

Une communication commerciale efficace implique également la capacité à établir et à maintenir des relations avec les partenaires, les fournisseurs et les clients.

Mon expérience d'entrepreneur m'a appris l'importance d'une communication efficace. Au début de ma carrière, j'ai commis de nombreuses erreurs qui m'ont coûté cher.

Depuis lors, j'ai travaillé à l'amélioration de mes compétences en communication par la pratique et la formation continue.

Je vous conseille de pratiquer l'écoute active et de développer votre capacité à communiquer avec clarté et confiance.

Prenez le temps de comprendre votre public et d'adapter votre style de communication en conséquence. Cela vous aidera à réussir dans votre entreprise et à établir des relations solides et durables.

Une communication efficace est l'une des compétences les plus importantes pour tout entrepreneur. Elle est essentielle pour établir des relations solides et durables avec les clients, les fournisseurs, les employés et les autres membres de l'équipe.

Tout au long de ma carrière d'entrepreneur, j'ai appris que la communication est la clé du succès.

Une communication interpersonnelle efficace est à la base de toutes les relations humaines. Lorsqu'il s'agit d'établir des relations avec des clients et des fournisseurs, il est nécessaire d'être clair, honnête et transparent.

J'essaie toujours de communiquer efficacement avec mes clients pour m'assurer qu'ils comprennent ce que je leur propose et comment je peux les aider.

D'après mon expérience, une communication efficace a été la clé pour maintenir des relations durables avec mes clients et obtenir des références et des recommandations précieuses.

En termes de communication et de direction d'équipe, j'ai constaté que la clé d'une équipe forte est une communication claire et directe.

Cela signifie qu'il faut fixer des objectifs clairs et les communiquer efficacement à l'ensemble de l'équipe.

Il est également essentiel de veiller à ce que chaque membre de l'équipe comprenne son rôle et ses responsabilités au sein de l'équipe.

D'après mon expérience, une communication efficace est essentielle pour diriger des équipes performantes et surmonter les défis et les obstacles.

Enfin, la communication d'entreprise est fondamentale pour le succès de toute entreprise. Il est essentiel de communiquer efficacement la vision et la mission de l'entreprise à tous les membres de l'équipe afin de s'assurer que chacun travaille dans le même sens.

Il est également important de communiquer les valeurs et la culture de l'entreprise afin d'attirer et de retenir les meilleurs talents.

D'après mon expérience, une communication commerciale efficace est essentielle pour établir une marque forte et attirer des clients et des employés de qualité.

En résumé, une communication efficace est essentielle pour tout entrepreneur désireux de réussir.

Qu'il s'agisse de communication interpersonnelle, de communication d'équipe et de leadership ou de communication d'entreprise, une communication claire, honnête et transparente est essentielle pour établir des relations solides et durables, diriger des équipes performantes et construire une marque forte et prospère.

"Le plus grand risque dans la vie est de ne pas prendre de risque du tout."

10.
LA TECHNOLOGIE ET LA TRANSFORMATION NUMÉRIQUE

Dans ce chapitre, j'aborderai l'importance de la technologie et de la transformation numérique dans le monde de l'entreprise et la manière dont elles peuvent être la clé de la réussite des entreprises aujourd'hui.

L'innovation technologique a révolutionné le mode de fonctionnement des entreprises et ouvert de nouvelles perspectives commerciales.

La transformation numérique désigne l'adoption des technologies numériques dans tous les domaines de l'entreprise, de la gestion des ressources humaines aux ventes et au marketing.

En tant qu'entrepreneur, j'ai pu constater que l'adoption des technologies numériques a joué un rôle clé dans la réussite de mon entreprise.

Au lieu de résister au changement, nous avons décidé de l'accepter et de le considérer comme une occasion d'améliorer notre efficacité et notre rentabilité.

La transformation numérique peut aider les entreprises à optimiser leurs processus internes, à améliorer la collaboration entre les départements et les employés, et à accroître la satisfaction des clients.

En outre, l'utilisation d'outils numériques peut aider les entreprises à atteindre un public plus large et à développer leurs activités.

Mais il ne s'agit pas seulement de mettre en œuvre de nouvelles technologies dans l'entreprise. Il est essentiel de comprendre comment ces technologies peuvent être utilisées pour améliorer les processus internes et les interactions avec les clients.

Cela nécessite une approche stratégique et un plan bien conçu pour maximiser le potentiel de la transformation numérique.

Dans mon entreprise, nous mettons en œuvre des outils d'analyse de données, tels que le réseau neuronal **SAM *(System Algorithmic Monitoring)***, dont le nom et l'acronyme sont en l'honneur de ma première fille, *Samantha*, qui, par un hasard de la vie, sont toutes deux nées le même jour.

Je me souviens de ce 20 septembre 2020, tous les jours.

5 heures du matin, 5 jours et 4 nuits sans dormir, à essayer de résoudre une équation algorithmique, afin que le réseau neuronal soit autonome dans la prise de décisions sur des simulations et des projections.

Je n'ai fait qu'appuyer sur la *touche Entrée* de mon clavier pour lancer l'algorithme, *Stable apparaît à l'écran*. Et ma femme enceinte de notre bébé, me crie que j'avais rompu l'eau, que notre bébé était en route, c'est ainsi que les 2 sont nés le même jour.

Nous avons utilisé le réseau neuronal **SAM** pour améliorer notre compréhension du comportement des clients. Cela nous a permis de développer des stratégies de marketing plus efficaces et d'augmenter nos ventes.

Nous avons également mis en place des outils de collaboration en ligne afin d'améliorer l'efficacité de notre équipe et de pouvoir travailler plus efficacement à distance.

L'adoption de la transformation numérique peut sembler décourageante au départ, mais avec la bonne approche et le bon soutien, n'importe quelle entreprise peut tirer profit de cette révolution technologique.

Nous ne devons pas oublier que la technologie continue d'évoluer. En tant qu'entrepreneurs, nous devons être ouverts au changement et toujours chercher à nous améliorer et à nous adapter aux nouvelles tendances.

La transformation numérique est essentielle pour toute entreprise qui veut survivre et prospérer aujourd'hui. Il est non seulement essentiel d'adopter de nouvelles technologies, mais aussi de comprendre comment ces technologies peuvent être utilisées pour améliorer les processus internes, accroître la satisfaction des clients et développer l'entreprise.

En tant qu'entrepreneurs, nous devons toujours être à l'affût des nouvelles opportunités et tendances dans le monde numérique afin d'innover et d'être à la pointe dans notre secteur.

Dans ma carrière d'entrepreneur, j'ai toujours été conscient de l'importance d'être à la pointe de la technologie. Dès le début, j'ai su que l'innovation technologique et la transformation numérique étaient des facteurs clés pour la réussite de toute entreprise.

Dans ce chapitre, je souhaite partager avec vous ce que j'ai appris sur la technologie et la transformation numérique, et comment vous pouvez en tirer parti pour faire passer votre entreprise au niveau supérieur.

L'innovation technologique est une force puissante qui a transformé notre façon de travailler.

Aujourd'hui, la plupart des entreprises s'appuient sur la technologie pour fonctionner, qu'il s'agisse d'utiliser les médias sociaux pour atteindre des clients potentiels ou de mettre en place des systèmes de paiement en ligne.

La technologie est un outil essentiel qui nous permet de travailler plus efficacement.

Mais la technologie ne s'arrête pas à un endroit, elle est en constante évolution. C'est pourquoi il est essentiel qu'en tant qu'entrepreneurs, nous soyons toujours à la page.

La transformation numérique fait référence à l'évolution constante des technologies numériques et à leur impact sur les processus d'entreprise.

Il s'agit d'un processus continu et en constante évolution, et il est essentiel que les entrepreneurs soient à l'avant-garde de ces tendances.

La transformation numérique peut être difficile à mettre en œuvre pour certaines entreprises, mais elle peut faire la différence entre le succès et l'échec.

Les entreprises qui ne s'adaptent pas aux tendances technologiques risquent de prendre du retard et de manquer des opportunités commerciales.

Pour mettre en œuvre une transformation numérique réussie, vous devez être prêt à apporter des changements significatifs à votre façon de faire.

En outre, l'utilisation d'outils numériques est aujourd'hui essentielle à la réussite des entreprises.

Ils peuvent contribuer à l'automatisation des processus, à l'amélioration de l'efficacité, à l'augmentation de la productivité et à l'amélioration de la communication avec les clients.

Les outils numériques les plus répandus sont les systèmes de gestion de projet, les plateformes de commerce électronique, les systèmes de paiement en ligne, les systèmes de gestion de la clientèle et les outils d'automatisation du marketing.

"N'ayez pas peur de l'inconnu, ayez le courage de l'explorer."

11.
L'IMPORTANCE DE L'ÉTHIQUE DES AFFAIRES

L'éthique des affaires est un sujet souvent négligé dans le monde, mais pour moi, c'est l'une des clés de la réussite d'une entreprise à long terme.

Dès le début, j'ai su que je voulais non seulement créer une entreprise prospère, mais aussi le faire d'une manière éthique et responsable.

Dans ce chapitre, je souhaite partager mon approche de l'intégration de l'éthique des affaires et de la responsabilité sociale dans tous les domaines de mon activité.

L'éthique des affaires ne consiste pas seulement à faire ce qu'il faut, elle peut aussi avoir un impact positif sur la réputation de l'entreprise, la fidélité des clients et la fidélisation des employés.

Pour moi, l'éthique des affaires et la responsabilité sociale font partie intégrante de l'identité de mon entreprise. De la sélection des fournisseurs à la manière dont nous traitons nos collègues, nous cherchons toujours à faire ce qu'il faut.

En tant qu'entrepreneur, j'ai également la responsabilité personnelle de veiller à ce que mon entreprise fonctionne de manière éthique et responsable.

Il est important pour moi de veiller à ce que mes actions professionnelles soient conformes à mes valeurs personnelles. C'est non seulement la bonne chose à faire, mais c'est aussi une base solide pour mon entreprise à long terme.

Les clients et les employés veulent travailler avec des entreprises qui ont à cœur de faire ce qu'il faut et qui s'engagent en faveur de la responsabilité sociale.

En outre, je pense que l'éthique des affaires et la responsabilité sociale ne sont pas seulement une option, mais une obligation. En tant qu'entrepreneurs, nous avons un impact significatif sur nos communautés et sur le monde en général.

Nous devons prendre la responsabilité de veiller à ce que cet impact soit positif. L'éthique des affaires et la responsabilité sociale peuvent être bénéfiques pour votre entreprise.

De la fidélisation des clients à l'amélioration de la réputation de votre entreprise, il y a de nombreux avantages tangibles à faire ce qu'il faut.

Pour moi, l'éthique des affaires, c'est aussi le respect des droits de l'homme et la protection de l'environnement.

Bien qu'il ne soit pas toujours facile de prendre des décisions éthiques, il est important de se rappeler que ces décisions peuvent avoir un impact durable sur la réputation de votre entreprise et sur votre capacité à attirer et à retenir les clients et les talents.

La responsabilité sociale, quant à elle, implique qu'en tant qu'entrepreneur, vous soyez conscient de l'impact de votre entreprise sur la société et l'environnement et que vous vous efforciez de réduire tout impact négatif.

Il peut s'agir d'adopter des pratiques durables, de participer à des initiatives communautaires et de mettre en œuvre des politiques d'égalité des chances pour les employés.

En veillant à ce que nos actions professionnelles soient alignées sur nos valeurs personnelles, nous pouvons nous assurer que notre entreprise a une finalité au-delà du profit.

En outre, cela peut nous aider à attirer des clients et des employés qui partagent nos valeurs et s'engagent dans notre approche éthique et responsable.

Bien sûr, le succès d'une entreprise ne dépend pas uniquement de l'éthique des affaires et de la responsabilité sociale. Cependant, j'ai appris que ces aspects sont fondamentaux pour construire une entreprise prospère et durable à long terme.

En intégrant l'éthique et la responsabilité sociale dans toutes les décisions commerciales, nous pouvons nous assurer que nous construisons une entreprise qui n'est pas seulement rentable, mais aussi utile et qui a un impact positif sur le monde.

L'éthique des affaires est un sujet qui peut être facilement négligé par de nombreux entrepreneurs, en particulier lorsqu'ils se concentrent sur la réussite financière de leur entreprise.

Cependant, il est important de se rappeler qu'une bonne réputation éthique est essentielle pour maintenir des relations fortes et durables avec les clients, les fournisseurs, les employés et la communauté au sens large.

Mon expérience m'a appris que le maintien d'une éthique commerciale et d'une responsabilité sociale fortes peut être un moteur important de la réussite d'une entreprise.

Il est important que les entreprises prennent des décisions éthiques et responsables dans tous les domaines, de la production et de la distribution aux relations avec les employés et la communauté.

Il est essentiel de veiller à ce que vos actions professionnelles soient conformes à vos valeurs personnelles pour construire une marque personnelle forte et cohérente.

En tant qu'entrepreneur, vous devez toujours vous rappeler que votre entreprise est une extension de vous-même et qu'elle doit donc refléter vos valeurs et votre éthique.

En outre, l'éthique des affaires peut également avoir un impact positif sur la réussite financière à long terme de votre entreprise.

Les clients et les consommateurs d'aujourd'hui sont de plus en plus intéressés par les entreprises qui se soucient de l'environnement, de la justice sociale et de la durabilité.

En adoptant des pratiques commerciales éthiques et durables, vous ne faites pas seulement ce qu'il faut, vous construisez également une base solide pour la réussite financière future de votre entreprise.

"Faites en sorte que vos actes soient plus éloquents que vos paroles."

12.
SURMONTER LES OBSTACLES ET LES ÉCHECS

Tout au long de ma carrière d'entrepreneur, j'ai été confronté à de nombreux obstacles et échecs. Mais au lieu de me décourager, j'ai appris à voir chaque défi comme une occasion de grandir et de m'améliorer.

L'un des plus grands obstacles auxquels j'ai été confrontée a été la décision de vivre à Medellín. À l'époque, je n'avais pas de travail et je vivais avec mes parents dans la ville d'Apartado, à Antioquia. Je me souviens que je n'avais pas plus de 4 USD, une valise avec quelques chemises et une paire de jeans.

Le jour où je me suis rendu à Medellín, Antioquia, je l'ai fait par la route, à l'époque c'était un voyage diablement long de près de 15 heures, un ami qui conduisait un camion m'a emmené.

J'ai immédiatement commencé à travailler comme chef dans un restaurant de cuisine orientale. Le jour de l'entretien était le jour même de mon arrivée à Medellín, Antioquia.

Et, malheureusement, la seule paire de chaussures que j'avais était abîmée, les semelles s'étaient détachées. J'ai donc improvisé, j'ai dû les recoller et faire comme si de rien n'était, c'était un peu comique de passer un entretien d'embauche avec des chaussures cassées.

C'était mon premier jour à Medellín, Antioquia, et comme je n'avais pas d'autre choix, j'ai dû vivre dans la rue en attendant de trouver l'argent nécessaire pour louer une chambre dans une pension.

J'ai beaucoup appris dans ce travail sur la façon de préparer les aliments et sur le fonctionnement d'une entreprise, mais c'était un travail très fatigant. J'étais éveillée de 4 heures du matin à 23 heures. Ce dont je me souviens le mieux, c'est que je devais me baigner dans les salles de bain des centres commerciaux où le restaurant était franchisé.

Mon supérieur immédiat me demandait toujours pourquoi je portais la valise. Je lui disais que c'était pour mes vêtements de sport, mais que c'était parce que je n'avais nulle part où les ranger.

Après avoir investi tout mon temps et tous mes efforts dans ce travail pendant six mois, j'ai réalisé que je n'obtenais pas les résultats que j'espérais. Je me suis sentie vaincue et découragée, mais je savais que je devais continuer.

J'ai appris que sans risque, il n'y a pas de fortune. Cette expérience m'a aidé à améliorer ma prochaine entreprise.

Un autre obstacle qui a marqué ma vie s'est présenté quelques mois plus tard, alors que j'avais un emploi plus stable en tant qu'analyste dans l'une des plus grandes banques de Colombie.

C'est à cette époque que j'ai perdu ma fiancée dans un accident de la route et que, la même année, j'ai perdu un enfant avec ma femme actuelle. Je suis devenu si déprimé que j'ai failli perdre la vie, et il n'a pas été facile de me remettre de cet événement.

Quand on perd quelqu'un, on a l'impression que le monde s'écroule à nos pieds et on perd le sens des choses. C'est alors que l'on s'interroge: ¿Pourquoi continuer?

Après une période douloureuse, j'ai trouvé ma réponse, tout comme vous avez trouvé la vôtre.

J'ai répondu que je devais apprendre quelque chose, que la vie voulait m'apprendre quelque chose.

Tout comme il vous l'enseigne.

En cours de route, j'ai également appris à considérer les échecs comme des opportunités d'apprentissage. Au lieu de blâmer les autres ou les circonstances, j'ai assumé la responsabilité de mes propres décisions et j'ai appris de mes erreurs.

Cette mentalité m'a permis de grandir en tant que personne et en tant qu'entrepreneur.

En tant qu'entrepreneur, il y aura toujours des obstacles et des échecs professionnels et personnels sur le chemin de la réussite.

Mais si nous apprenons à considérer chaque défi comme une occasion de grandir et de s'améliorer, nous pouvons surmonter tous les obstacles et atteindre nos objectifs les plus ambitieux.

Mon expérience d'entrepreneur m'a appris que chaque obstacle et chaque échec est une occasion de grandir et de s'améliorer. En matière d'entrepreneuriat, la véritable clé du succès réside dans la capacité à rebondir et à continuer.

Les obstacles et les échecs sont inévitables, mais ce qui importe, c'est la manière dont nous les affrontons et les surmontons.

La première stratégie que je recommande est de conserver une attitude positive, axée sur la recherche de solutions.

Au lieu de se lamenter sur un obstacle ou un échec, il est primordial de se concentrer sur la recherche d'une solution. Cela signifie qu'il faut être créatif et flexible, être prêt à envisager des alternatives et prendre des mesures audacieuses et risquées.

La deuxième stratégie consiste à rechercher du soutien. En tant qu'entrepreneurs, nous nous sentons souvent seuls et isolés.

Mais il est important de se rappeler que nous ne sommes pas seuls et que de nombreuses personnes sont prêtes à nous aider. Il peut s'agir de mentors, d'autres entrepreneurs, d'amis ou de membres de la famille.

Le soutien émotionnel et pratique de ces personnes peut être une source inestimable d'inspiration et de motivation.

La troisième stratégie consiste à apprendre de ses erreurs.

Nous commettons tous des erreurs, mais l'essentiel est d'en tirer des leçons et de les utiliser pour grandir et s'améliorer. Cela implique de réfléchir à ce qui n'a pas fonctionné, d'analyser les causes sous-jacentes et d'examiner comment éviter des erreurs similaires à l'avenir.

En outre, il est essentiel de garder à l'esprit que l'échec n'est pas la fin du monde. De nombreux entrepreneurs à succès ont connu des échecs importants sur la voie de la réussite.

L'important est de ne pas laisser l'échec vous décourager ou vous empêcher d'aller de l'avant. Au contraire, utilisez l'échec comme une opportunité d'apprendre, de grandir et de s'améliorer.

Surmonter les obstacles et les échecs est un aspect fondamental de l'aventure entrepreneuriale. Mais avec la bonne attitude, le bon soutien et la capacité d'apprendre de vos erreurs, vous pouvez relever tous les défis et obtenir le succès que vous méritez.

Il ne faut pas oublier que surmonter les obstacles et les échecs n'est pas un processus facile ou rapide. Il faut de la persévérance, de la persévérance, de la patience et un état d'esprit axé sur la croissance et l'apprentissage constants.

Il est essentiel d'être prêt à opérer des changements, à expérimenter de nouvelles idées et à sortir de sa zone de confort pour relever les défis et les transformer en opportunités de croissance et de réussite.

Au cours de mon expérience d'entrepreneur, j'ai été confronté à plusieurs obstacles et échecs.

Une fois, j'ai lancé un produit qui n'a pas eu le succès escompté et j'ai dû me rendre à l'évidence qu'il ne fonctionnait pas.

À ce moment-là, j'aurais pu me laisser abattre par l'échec et abandonner complètement le projet. Mais j'ai choisi d'adopter une perspective différente et d'utiliser l'échec comme une opportunité d'apprendre et de s'améliorer.

J'ai analysé ce qui n'avait pas fonctionné et j'ai pris des mesures pour y remédier, notamment en adaptant le produit et en améliorant ma stratégie de marketing.

Ce processus n'a pas été facile, mais grâce à ma persévérance et à mon souci constant de croissance et d'amélioration, j'ai réussi à surmonter l'obstacle et à le transformer en une occasion d'améliorer mon entreprise.

J'ai appris que les échecs ne sont pas la fin, mais simplement une partie du chemin vers le succès. N'oubliez pas que chaque obstacle et chaque échec est une occasion d'apprendre et de grandir et que, avec la bonne approche, nous pouvons surmonter tous les défis qui se présentent à nous.

En conclusion, surmonter les obstacles et les échecs est fondamental sur le chemin de l'entrepreneuriat. Grâce à la persévérance, à la patience et à un état d'esprit axé sur la croissance constante, nous pouvons relever n'importe quel défi et le transformer en une occasion d'apprendre et de s'améliorer.

Il est nécessaire de se rappeler que les échecs ne sont pas la fin, mais simplement une partie du chemin vers le succès et que, avec la bonne attitude, nous pouvons surmonter n'importe quel obstacle qui se présente à nous.

¿Vous voulez quelque chose?
"Alors allez-y et faites-le, car la seule chose qui tombe du ciel, c'est la pluie."

13.
CONSEILS ET RECOMMANDATIONS POUR SUCCÈS DANS LES AFFAIRES ET DANS LA VIE

Après avoir relevé différents défis et appris de précieuses leçons en cours de route, je peux dire que ces conseils ont été fondamentaux pour moi.

Tout d'abord, je tiens à vous rappeler l'importance de conserver une attitude positive et persévérante. En tant qu'entrepreneurs, nous devons être prêts à relever des défis constants, mais nous devons les considérer comme des occasions de grandir et d'apprendre.

La persévérance est essentielle, car nous ne savons jamais combien de temps il nous faudra pour atteindre nos objectifs, et nous devons être prêts à continuer même lorsque les choses semblent difficiles.

Un autre conseil que je souhaite partager est de s'entourer d'une équipe solide. Nous ne pouvons pas tout faire tout seul, et pour réussir, nous avons besoin de personnes qui partagent notre vision et qui sont prêtes à travailler dur pour y parvenir.

Il est essentiel de s'assurer que notre équipe possède des compétences et des connaissances complémentaires aux nôtres, afin de pouvoir relever ensemble tous les défis qui se présentent.

En matière d'équilibre entre vie professionnelle et vie privée, il est essentiel de se rappeler que la réussite n'est pas tout. Nous devons consacrer du temps et de l'énergie à nos relations personnelles, à nos loisirs et aux activités qui nous passionnent.

S'il est vrai que le travail acharné et le dévouement sont nécessaires pour atteindre nos objectifs professionnels, il est également indispensable de maintenir une vie équilibrée pour profiter de la voie du succès.

En ce qui concerne les recommandations aux entreprises, je considère qu'il est essentiel de disposer d'un plan d'entreprise clair et détaillé. Cela nous aidera à rester concentrés et à suivre une voie claire pour atteindre nos objectifs.

En outre, nous devons être au courant des dernières tendances et technologies dans notre domaine et être prêts à nous adapter et à changer si nécessaire.

Enfin, je réfléchis à la nécessité d'une éthique des affaires et d'une responsabilité sociale fortes. En tant qu'entrepreneurs, nous avons la grande responsabilité d'avoir un impact positif sur nos communautés et sur le monde en général.

Nous devons nous assurer que nos décisions sont conformes à nos valeurs et qu'elles contribuent au bien-être des personnes et de la planète.

Pour réussir en tant qu'entrepreneur, il ne suffit pas d'avoir une idée novatrice et de travailler dur, il faut aussi trouver le bon équilibre entre vie personnelle et vie professionnelle, maintenir une éthique commerciale solide et être toujours prêt à apprendre et à s'améliorer.

Voici quelques conseils et recommandations qui vous aideront sur la voie du succès dans les affaires et dans la vie:

Gardez l'esprit ouvert et apprenez toujours:

Le monde des affaires est en constante évolution et la technologie progresse rapidement. Vous devez donc toujours être prêt à apprendre de nouvelles choses et à vous adapter au changement. Cherchez de nouvelles occasions de vous développer et de vous améliorer.

Avoir une vision claire:

Avant de créer une entreprise, il est important d'avoir une vision claire et de définir ses objectifs. Gardez à l'esprit que votre vision peut évoluer au fil du temps, mais le fait d'avoir une orientation claire vous aidera à rester sur la bonne voie pour atteindre vos objectifs.

Constituer une équipe solide:

Le succès d'une entreprise dépend dans une large mesure des personnes qui y travaillent. Prenez le temps de sélectionner les meilleurs candidats et de créer une équipe qui s'engage à atteindre vos objectifs.

Maintenir un équilibre entre vie personnelle et vie professionnelle :

Être un entrepreneur prospère ne signifie pas sacrifier sa vie personnelle. Il est essentiel de trouver le bon équilibre entre vie professionnelle et vie privée pour préserver son bien-être physique et émotionnel.

Faites preuve d'éthique dans vos pratiques commerciales :

L'éthique des affaires et la responsabilité sociale sont essentielles à la réussite à long terme de toute entreprise. Assurez-vous que vos pratiques sont conformes à vos valeurs personnelles et qu'elles contribuent au bien-être de la société et de l'environnement.

N'ayez pas peur d'échouer :

L'échec fait inévitablement partie du chemin vers la réussite. Au lieu de craindre l'échec, abordez-le comme une occasion d'apprendre et de progresser. Apprenez de vos erreurs, réévaluez vos stratégies et allez de l'avant avec plus de détermination.

Célébrez vos succès:

Veillez à célébrer vos réalisations et vos succès sur la voie de la réussite. Reconnaissez et remerciez les personnes qui vous ont aidé à y parvenir et prenez le temps d'apprécier votre succès avant de passer à l'objectif suivant.

"La vie ne consiste pas à se trouver, mais à se créer."

14.
VENTES

J'ai laissé ce chapitre pour la fin, non pas parce qu'il était le moins important, mais précisément parce qu'il est le plus important et qu'une partie du défi consiste à aller jusqu'au bout.

"Nous sommes tous des vendeurs, jusqu'à ce que nous devions vendre des excréments de chien à un parfait inconnu dans la rue."

C'était l'un des tests que je devais passer pour développer mes compétences de vendeur lorsque j'essayais d'obtenir un emploi à la banque.

Moi, je me considère comme un bon vendeur et ce n'est pas par arrogance ou parce que je me sens plus fort que les autres, c'est grâce à l'expérience, à la patience et à l'humilité d'apprendre, et aussi parce que j'ai eu le meilleur professeur.

Mon père...

Lorsque j'étais adolescent, je vendais des bananes avec mon père dans un chariot et, très tôt, j'ai compris que la vente ne concernait pas un produit ou un service, mais qu'il s'agissait de vous vendre, de créer cette affinité et cette confiance afin que l'autre personne se sente à l'aise avec vous et vous fasse confiance.

L'astuce de mon père était simple....

Il ne vous a rien vendu, il a simplement créé un besoin sans dire un mot. C'est la façon dont il s'est déplacé, dont il s'est approché de vous, qui a créé cette confiance.

Je l'ai souvent vu arriver dans les magasins avec dix ou quinze kilos de bananes et les poser sur le comptoir sans dire un mot.

Le commerçant par inertie cérébrale a répondu automatiquement:
Je n'ai pas d'argent...

Et mon père, le sourire aux lèvres, répondait:
Demain, vous me payez...

Cela a immédiatement créé un besoin.

J'ai toujours été époustouflé de voir cela.

Parce que je ne comprenais pas comment il était possible, sans paroles, d'amener quelqu'un d'autre à acheter quelque chose dont il n'avait pas besoin.

C'est à ce moment-là que j'ai compris que la vente n'est pas une question de produits ou de services, mais qu'il s'agit de vous vendre, en tant que personne, votre essence, vos peurs, la façon dont les gens vous perçoivent.

Dans ce dernier chapitre, je souhaite partager avec vous quelques stratégies et astuces qui vous aideront à développer ces compétences, dont certaines sont issues d'expériences personnelles que j'ai vécues au cours de mon apprentissage.

Il ne s'agit pas de vendre vos produits ou vos services, mais de vous vendre vous-même et d'établir une relation de confiance avec la personne qui se trouve de l'autre côté de la table.

De plus, je vais partager avec vous mon secret le plus intime, celui qui m'a aidé à réaliser tout ce que j'ai entrepris. C'est le secret de la réussite, et je vous le révélerai dans le dernier paragraphe de ce chapitre, alors commençons.

"Chaque seconde, nous vendons sans le savoir."

C'est la principale erreur que nous commettons toujours. Beaucoup de gens ne le savent pas, et c'est qu'à chaque seconde qui passe, nous nous vendons. À la maison, au travail, avec votre famille, avec vos amis, avec vos collègues, avec vos clients, à chaque seconde qui passe, nous nous vendons.

Chaque fois que vous interagissez avec quelqu'un, qu'il s'agisse d'une connaissance ou d'un étranger, vous vous vendez et ce n'est pas que vous vouliez lui vendre quelque chose, c'est votre essence qui interagit avec l'autre partie et c'est ce que cette dernière va retenir de vous.

Comme je l'ai dit, il ne s'agit pas de vendre des produits ou des services. Il s'agit d'être la meilleure version de soi-même et c'est en se vendant que l'on y parvient.

La présentation personnelle est l'une des clés de la vente de soi, de son produit ou de son service. La manière dont vous vous présentez peut avoir un impact important sur la façon dont les autres vous perçoivent.

Veillez donc toujours à avoir une apparence professionnelle et propre, ainsi qu'une attitude positive et confiante.

¡Écoutez!

L'astuce ou la clé la plus importante, et beaucoup seront d'accord avec moi, est d'écouter. Lorsque vous écoutez, vous avez le monde à vos pieds.

L'écoute active est la clé pour conclure des ventes fructueuses avec vos clients potentiels. Soyez attentif à leurs besoins et à leurs objections, et proposez des solutions personnalisées.

Faites preuve d'empathie et montrez que vous comprenez leurs préoccupations. En prêtant attention à ce que dit le client, vous pouvez mieux le comprendre.

En outre, le client se sentira valorisé et écouté, ce qui peut améliorer le lien émotionnel et donc augmenter la probabilité qu'il achète chez vous.

Je me souviens de ma première semaine en tant qu'agent de change, nous avions cinq jours pour vendre un produit, en l'occurrence des actions. Nous étions déjà vendredi, le dernier jour, à 16 heures, tous mes collègues avaient réussi à vendre, sauf moi.

Je ne vais pas nier que j'ai eu un peu peur parce que j'étais sur le point de perdre l'opportunité dont j'avais toujours rêvé, et c'est le catalyseur qui m'a permis de me concentrer à nouveau, la peur.

C'était mon rêve et j'allais le perdre parce que je n'étais pas concentré. J'ai donc pris quelques secondes pour réfléchir intérieurement et me concentrer sur ce que je devais faire pour atteindre mon objectif. Je me souviens qu'on m'a dit que c'était mon dernier appel, ma dernière chance.

C'est donc avec beaucoup de positivité et d'enthousiasme que j'ai commencé à parler à la personne à l'autre bout du fil, je me suis présenté professionnellement et je me souviens lui avoir dit:

¿Que cherchez-vous?

Rien de plus.

Au lieu de lui présenter un service, un produit ou de lui raconter un scénario, je l'ai laissé se présenter à moi, je l'ai laissé parler et je l'ai écouté, cette personne s'est ouverte à moi comme une fleur, j'ai pu la comprendre et c'est justement l'écoute qui a sauvé non seulement la journée, mais aussi ma carrière qui commençait à peine.

Je me souviens que cette personne m'a dit qu'elle cherchait à acheter des actions d'une valeur de 100 000 USD et que le record actuel était de 32 000 USD.

J'étais tellement excité que je suis littéralement tombé à la renverse de ma chaise, mais à la vitesse d'une balle, je me suis relevé et nous avons entamé le processus d'acquisition de leur produit.

Ces appels qui durent normalement 15 à 20 minutes ont duré 4 heures. Nous avons terminé à presque 20 heures. Et ce sentiment d'avoir accompli quelque chose, d'avoir atteint son objectif, que tout ce pour quoi on s'est battu s'est matérialisé, on ne l'oublie jamais, parce que c'est un travail difficile, c'est un sacrifice, mais la clé a été et sera toujours l'*écoute*.

¡L'excitation est à son comble!

La connexion émotionnelle est un élément clé du processus de vente. Les clients sont plus enclins à acheter s'ils se sentent émotionnellement liés au produit ou au service proposé. Pour y parvenir, il est important de connaître le client, de comprendre ses besoins et ses désirs et de personnaliser l'offre en conséquence.

Connaissez votre public et étudiez ses besoins, ses désirs et ses problèmes afin d'adapter efficacement votre argumentaire de vente. Créez des profils de clients idéaux et personnalisez votre approche pour maximiser vos chances de réussite.

¡Objections!

Les clients peuvent avoir des objections ou des inquiétudes concernant le produit ou le service proposé. Il est essentiel d'identifier ces objections et d'y répondre efficacement pour conclure la vente.

Apprendre à répondre aux objections de manière convaincante et sûre de soi peut augmenter la probabilité que le client finisse par acheter.

Anticiper les objections courantes qui peuvent survenir au cours du processus de vente et être prêt à les surmonter. Apprendre à répondre avec assurance et conviction, en soulignant les avantages et en fournissant des preuves concrètes.

La vente ne consiste pas seulement à proposer un produit ou un service, mais aussi à persuader le client de l'acheter.

L'utilisation de stratégies et d'astuces de vente psychologiques, telles que la présentation personnelle, l'écoute active, la connexion émotionnelle, les techniques de persuasion et la résolution des objections, permet d'améliorer considérablement l'efficacité des ventes.

Quelques mois plus tard, avec plus d'expérience, plus de compréhension de ma situation et de ce que je devais faire. Je me souviens d'un autre appel au cours duquel, sans que je me présente, j'ai demandé à mon interlocuteur de m'aider.

La personne à l'autre bout du fil m'a dit:
Je n'ai pas le temps.

Et pendant quelques secondes, je me suis figé.

Mais j'ai répondu:
¿Vous n'avez pas le temps pour quoi?

Et il m'a dit:
Je n'ai pas le temps de m'occuper de ce que vous m'appelez.

Il s'agissait d'un appel très frictionnel parce que c'était un type de client avec lequel on ne peut pas parler et qu'on ne laisse pas travailler.

J'ai répondu d'un ton sarcastique:
Et si je vous appelais pour vous dire que vous avez une approbation de 5 millions de dollars auprès de votre banque.
¿N'auriez-vous toujours pas le temps de me parler?

Et nous sommes restés tous les deux silencieux pendant environ 5 secondes.

Et il m'a répondu :
Vous avez 30 secondes pour vous exprimer.

J'ai rapidement expliqué son processus et j'ai terminé par une affirmation :
¿Vous l'acceptez, n'est-ce pas ?

Et il m'a dit :
¡Oui!

Nous nous sommes dit au revoir, je lui ai souhaité tous mes vœux de réussite et nous avons raccroché le téléphone. Je pense que c'est l'un des appels les plus brefs que j'ai eus lorsque j'étais courtier, mais il était intéressant de voir comment, en quelques mots, j'ai pu transformer ses objections en opportunité.

¡Persuasion!

La persuasion est un élément clé de la vente. Voici quelques techniques de persuasion :

Créer une proposition de valeur unique :

Mettez en avant vos points forts et différenciez-vous de la concurrence. Créez une proposition de valeur unique qui montre comment votre produit ou service peut résoudre des problèmes et apporter une valeur ajoutée à vos clients. Communiquez clairement les avantages et démontrez pourquoi ils devraient vous choisir.

La pénurie:

Faire sentir au client que le produit ou le service est limité ou rare, ce qui le rend plus désirable.

Preuve sociale:

Il s'agit d'un outil de vente puissant. Il intègre des témoignages, des critiques et des histoires de réussite de clients satisfaits afin d'instaurer la confiance et la crédibilité nécessaires pour soutenir l'offre. La validation sociale est un moyen efficace de persuader les nouveaux clients de passer à l'action.

Autorité:

Vous devez faire croire à votre interlocuteur qu'aucune autre personne au monde n'en sait plus que vous sur le sujet que vous présentez.

Il est essentiel que l'autre partie se sente en confiance avec vous, car pendant que vous parlez, la seule chose que son cerveau se demande, c'est pourquoi je vais faire confiance à ce type et pourquoi je vais lui donner mon argent.

Je sais qu'ils varient d'une personne à l'autre, d'une entreprise à l'autre, car elles ont des stratégies différentes pour réaliser des ventes, mais en théorie, c'est la base pour réussir à vendre quelque chose, en particulier à vous.

Et comme promis, je vais vous révéler le secret de la réussite.

Il y a un mot que beaucoup de gens négligent et qui, en ce qui me concerne, est le plus important au monde, c'est le mot **Faim**.

Et je ne parle pas de nourriture, je sais que vous me comprenez. C'est la raison pour laquelle nous nous levons chaque jour, pour vouloir une vie meilleure, pour atteindre un objectif, pour en vouloir toujours plus, la **Faim**.

Certains appellent le secret de la réussite la persévérance, l'obstination, la concentration, l'engagement.

Il y a beaucoup de beaux mots, et ils sont tous bons, il n'y a pas de bonne ou de mauvaise réponse, mais tout au long de ma vie, j'ai compris que le secret de la réussite était plus simple que tous ces beaux mots et je l'ai résumé en une seule phrase, et c'est le cas:

*"Sortez de ce p*tain de lit,
et de faire bouger les choses."*

CONCLUSIONS

¡Vous avez réussi! Vous avez atteint la fin de ce livre et j'espère que vous avez trouvé l'inspiration et la motivation dont vous avez besoin pour réussir dans les affaires et dans la vie.

Au fil des pages, j'ai abordé l'importance de la planification, de la persévérance, de la créativité, de l'innovation, de la gestion financière, d'une communication efficace, de la technologie et de l'éthique des affaires, entre autres sujets.

Mais plus fondamentalement, j'ai toujours voulu vous transmettre ma propre expérience et les leçons que j'ai apprises en cours de route.

Il ne fait aucun doute que la voie de l'entrepreneuriat n'est pas facile et que nous serons confrontés à des obstacles et à des échecs, mais nous pouvons toujours trouver un moyen de les surmonter.

En fait, je crois que les échecs sont l'occasion de grandir et d'apprendre de nos erreurs, d'essayer à nouveau et de réussir notre prochaine tentative.

N'oubliez pas de toujours maintenir un équilibre entre votre vie personnelle et votre vie professionnelle, et n'oubliez pas que la réussite ne consiste pas seulement à gagner de l'argent, mais aussi à trouver de la satisfaction et du bonheur dans ce que vous faites.

Je vous laisse sur ces derniers conseils: soyez courageux et persévérants, n'abandonnez jamais dans votre quête du Succès, soyez créatifs et innovants, restez fidèles à vos valeurs et à votre éthique des affaires, et n'oubliez jamais que le chemin de l'entrepreneuriat est une aventure passionnante.

¡Bon voyage!

Dans ce livre, il a essayé d'aborder certains des sujets les plus essentiels et les plus pertinents pour les entrepreneurs qui veulent réussir dans leur entreprise et dans leur vie.

J'ai parlé d'un état d'esprit positif, de la fixation d'objectifs clairs et réalisables, d'un plan d'entreprise solide et de la prise de décisions sages et stratégiques.

J'ai également parlé de créativité, de capacité d'adaptation et de persévérance dans la réalisation des objectifs. En ce sens, j'ai partagé avec vous certaines des adversités et des défis que j'ai dû surmonter sur la voie de la réussite entrepreneuriale.

En outre, j'ai abordé des questions clés telles que la gestion financière, la gestion des ressources humaines, la communication efficace et l'éthique des affaires, qui sont essentielles pour toute entreprise qui veut réussir à long terme dans un monde de plus en plus compétitif et exigeant.

Enfin, dans ces dernières pages, je tiens à rappeler l'importance de conserver un état d'esprit positif et de se concentrer sur des objectifs à long terme.

Je tiens également à souligner qu'il est important de maintenir un équilibre sain entre la vie personnelle et la vie professionnelle, car cela peut être la clé d'une réussite et d'un bonheur continus dans la vie.

En tant qu'entrepreneur, il y aura toujours des obstacles et des défis sur le chemin de la réussite. Mais avec de la persévérance, du dévouement et une approche stratégique, vous pouvez surmonter l'adversité et réaliser de grandes choses.

Je souhaite conclure ce livre par la réflexion suivante: ne cessez jamais d'apprendre et de vous développer en tant que personne et en tant qu'entrepreneur. Gardez l'esprit ouvert et continuez à chercher de nouvelles opportunités pour vous améliorer et vous développer. Si vous restez concentré et engagé, vous pouvez connaître le succès et le bonheur.

J'espère que vous l'avez trouvé utile dans votre parcours vers le succès dans les affaires et dans la vie.

¡Je vous souhaite le meilleur!

Et n'oubliez pas...

Tout ce qu'il vous faut, c'est... ¡Faim de Succès!

À PROPOS DE L'AUTEUR

Jack Daniels Chavarria, connu sous le nom de **Nelo**, est le PDG et fondateur du **groupe Nelo**, le plus grand holding d'innovation technologique d'Amérique latine. Il est originaire de Colombie, d'une petite ville appelée Yarumal, située dans une zone rurale du département d'Antioquia. Dès son plus jeune âge, il a appris l'importance de surmonter l'adversité et de rêver grand, motivé par les difficultés et les défis auxquels il a été confronté pendant son enfance et son adolescence. Bien qu'il n'ait pas eu la possibilité de faire des études supérieures, il s'est toujours distingué par sa grande créativité et son esprit d'entreprise.

Dès son plus jeune âge, l'auteur s'est intéressé aux marchés boursiers et a appris de manière empirique à investir et à gérer son propre argent. Au fil du temps, il est devenu un expert dans ce domaine et a réussi à réaliser des profits importants grâce à sa vision et à ses compétences.

Malgré les difficultés rencontrées en cours de route, l'auteur n'a jamais perdu sa passion pour les affaires et a toujours cherché de nouvelles occasions de se développer et de s'améliorer. Son esprit d'entreprise l'a conduit à fonder plusieurs sociétés prospères dans différents secteurs, ce qui lui a permis d'acquérir une vaste expérience du monde des affaires et de devenir une référence dans son domaine.

Avec ce livre, l'auteur souhaite partager ses connaissances et ses expériences avec d'autres entrepreneurs et hommes d'affaires, afin de les inspirer et de les aider à réussir.

www.ingramcontent.com/pod-product-compliance
Lightning Source LLC
Chambersburg PA
CBHW071930210526
45479CB00002B/619